Pesto
Chutneys & Co.

AUTOR: HANS GERLACH | FOTOS: JÖRN RYNIO

Praxistipps

Extra

Rezepte

Duftküche – Pesto, Chutneys und Würzsaucen für jede Gelegenheit

Oma nannte es Einmachen, trendbewusste Gastronomen sprechen von »homemade convenience«. Tatsächlich gibt ein Löffel Pesto einer simplen Tomatensauce einen Aromakick, Zitronenchutney macht gedünstetes Gemüse zu einem exotischen Genuss. BBQ-Saucen und Dips machen aus einem Stück gebratenem oder gegrilltem Fleisch ein unverwechselbares Gericht. Die bunten Aroma-Extrakte adeln unsere Festtagsküche und machen einfache Alltagsgerichte interessant, und das mit sehr geringem Aufwand. Denn Pesto, Chutney oder Würzsauce können Sie in größeren Mengen vorbereiten. Und zwar an dem Tag, an dem Sie dazu Zeit und Lust haben und nicht erst in letzter Minute zwischen Job, Herd und hungrigen Essern.

Luxus schenken Liebevoll gekocht, gewürzt und dekorativ verpackt, sind sämtliche Würzsaucen in diesem Buch auch wunderbare Geschenke: Sie schmecken gut, sparen dem Beschenkten Zeit und sind schnell aufgegessen. Fast alle Pasten, Chutneys, Dips und Cremes lassen sich in schöne Gläschen oder Flaschen füllen – mit liebevoll beschrifteten oder gestempelten Etiketten oder Anhängern und in Stoff gehüllten oder bemalten Deckeln werden daraus kleine persönliche Kunstwerke. Für besonders schöne Anhänger schneiden Sie Rechtecke aus einem festen Papier oder einem dünnen Karton zu. Die werden gelocht – ganz einfach mit dem Papierlocher oder professionell mit Lochzange und einer passenden Metallöse. Auch der Kartoffelstempel ergibt ein schönes Stempelbild, Moosgummi ebenfalls. Stempel aus Moosgummi haben den Vorteil, dass man sie für die nächste Saison aufbewahren kann. Die größte Auswahl an fertigen Buchstabenstempeln finden Sie online (z. B. stempeltempel.de oder stempeloase.de).

Was ist eigentlich ein Pesto? Das Wort leitet sich ab vom italienischen »pestare« stampfen, zerdrücken und beschreibt ganz einfach den Vorgang, bei dem Kräuter im Mörser zu einer Würzpaste zerrieben werden. Chutneys und Relishes sind ebenfalls Würzpasten. Allerdings ist hier die Verwirrung groß, weil sich die Bedeutung der Wörter auf der Reise vom indischen Subkontinent nach England gewandelt hat. In diesem Buch sind Chutneys stückige, gekochte Würzsaucen, mit süßen und sauren Geschmackskomponenten. Relishes ähneln Chutneys, sind auch meist stückig und süßsauer, jedoch aus kalten Zutaten gemixt. Salsa heißt einfach nur Sauce, das Wort passt gut zu Rezepten aus Italien, Spanien oder Südamerika.

Geschickt einkaufen! Während der heimischen Erntezeiten sind Qualität, Frische und Preis der Zutaten am besten. Deshalb lohnt es sich, in der jeweiligen Hochsaison der Hauptzutaten besonders Pesto, Chutneys oder andere Würzsaucen auf Vorrat oder zum Verschenken zu kochen. Frisch gekocht, sauber abgefüllt, luftdicht verschlossen und kalt gestellt schmecken sie auch Monate später noch sehr gut. Und die in der Hauptsaison geernteten Zutaten benötigen wenig Energie, weil sie nicht in beheizten Gewächshäusern herangezogen werden. Die Pflanzen sind auf natürliche Weise stabil, gesund und aromatisch. Gemüse, Kräuter und Früchte müssen nicht weit transportiert werden, das heißt, sie werden im optimalen Reifezustand gepflückt und sehr frisch auf den jeweiligen Regionalmärkten angeboten. Achten Sie beim Einkauf darauf, dass Gemüse, Kräuter und Früchte sauber und frisch aussehen, dass sie keine Druckstellen oder Verletzungen haben und gut duften.

Bio? Diese Kennzeichnung ist keine Garantie für wohlschmeckende Produkte. Bio-Siegel weisen aber zumindest darauf hin, dass unter umweltschonenden Bedingungen produziert und gute Qualität angestrebt wird. Wenn Sie »Ihren« Produzenten auf dem regionalen Bauernmarkt persönlich kennen und seine Arbeit einschätzen können, müssen Sie nicht unbedingt Bio-Produkte einkaufen. Die beste Kontrolle über die Qualität der Zutaten haben Sie natürlich, wenn Sie Obst, Gemüse und Kräuter im eigenen Garten anbauen. Allerdings werden im Garten nicht alle Früchte einer Sorte gleichzeitig reif. Achten Sie beim Ernten unbedingt darauf, dass alles, was zu Pesto, Chutneys und Würzsaucen verarbeitet wird, einwandfrei ist, sodass weder Schimmelpilze noch Fäulnisbakterien aus überreifen Früchten oder Fallobst hineingelangen.

Mengen kalkulieren Die angegebenen Mengen in den Rezepten reichen immer für die kleinste, sinnvolle Portionsgröße. Bei lange haltbaren Chutneys sind beispielsweise die Mengen größer als bei frischen Kräuterzubereitungen. Nach Bedarf können Sie alle Mengen aber auch problemlos vervielfachen – dadurch dauert es bei gleicher Topfgröße ein bisschen länger, bis ein Chutney sämig eingekocht ist, aber sonst ändert sich überhaupt nichts an der Zubereitung.

Mit oder ohne »Schuss« Manche Rezepte in diesem Buch enthalten Alkohol, wenn Sie den weglassen möchten, ist das auch kein Problem: Hochprozentige Spirituosen setzt man am besten wie ein Gewürz in sehr kleinen Mengen ein, die können Sie daher ersatzlos streichen. Größere Flüssigkeitsmengen, zum Beispiel an Wein oder Portwein, können Sie immer durch den relativ neutralen Apfelsaft ersetzen. So bleiben die Flüssigkeitsmengen gleich, ohne dass eine neue Zutat den Charakter des Rezeptes völlig verändert.

So kommen Chutneys sicher ins Glas

Die meisten Chutneys und Würzsaucen werden gekocht und heiß in sehr saubere Gläser gefüllt, ganz ähnlich wie Konfitüren und Marmeladen.

Gläser sterilisieren

Deckel und Dichtungen sterilisieren

Heiß einfüllen

Leere Gläser sterilisieren Saubere Gläser im Ofen bei 120° (Umluft 100°) mindestens 10 Min. sterilisieren. Inzwischen die Deckel von Schraubdeckelgläsern, Gummis von Flaschen mit Bügelverschluss oder Einmachgummis in kochendem Wasser sterilisieren, damit sie nicht austrocknen. Achtung: Die Gummidichtungen der Deckel altern und nehmen im Laufe der Jahre unerwünschte Geschmäcker oder sogar Pilzsporen an. Deshalb rechtzeitig Ersatzdeckel nachkaufen, entweder im Haushaltswarenladen oder noch einfacher und mit größerer Auswahl im Onlinehandel (www.glaeserundflaschen.de).

Sehr heiß einfüllen Sobald die Gläser aus dem Ofen kommen (Topflappen verwenden!), das heiße Füllgut einfüllen. Wenn Chutney oder Würzsauce noch ein paar Minuten brauchen, lassen Sie die Gläser etwas länger im ausgeschalteten Ofen stehen. Die sterilisierten Gläser mit dem heißen Einmachgut randvoll füllen und sofort verschließen. Die Gläser nicht umdrehen, der einzige Effekt ist ein schmutziger Rand, und unerwünschte Stoffe aus der Deckeldichtung könnten sich im Chutney lösen.

Ist das Glas wirklich zu? Während die Gläser abkühlen, bildet sich ein Unterdruck unter dem Deckel, der die Gläser dauerhaft verschließt. Ob die Gläser richtig zu sind, erkennen Sie auf drei Arten:
1. Sicherheits-Schraubdeckel mit »Knopf«, also einer etwa 2 cm großen mittigen Kreis-Prägung, machen beim Abkühlen ein »Klick-Geräusch« in dem Moment, indem der Deckel sich nach unten wölbt. Das gleiche Geräusch entsteht beim Öffnen.
2. Den Unterschied zwischen einem angesaugten, nach unten gewölbten Deckel und einem locker aufliegenden Deckel können Sie leicht sehen. Es sei denn, die Deckeldurchmesser sind sehr klein.
3. Probieren Sie vorsichtig, ob sich der Deckel leicht abschrauben lässt – spüren sie einen Widerstand, dann ist das Glas zu. Vorsicht – bei dem Test wurde so manches verschlossene Glas wieder geöffnet.

Das richtige Glas mit dem besten Deckel

Verwenden Sie ruhig gebrauchte Marmeladengläser wieder, aber wechseln Sie ab und zu die Deckel aus. Es gibt verschiedene Typen günstig einzeln zu kaufen.

Deckel

Schraubdeckelgläser

Gläser mit Vakuum-Schraubdeckel Sie heißen Twist-off-Gläser oder Schraubdeckelgläser, sind unkompliziert in der Handhabung und universell einsetzbar. Die Gläser gibt es in allen Formen und Größen – wählen Sie Gläser, deren Inhalt Sie in 2–3 Wochen verbrauchen können. Sobald ein Glas geöffnet ist, muss es in den Kühlschrank. Aus Gläsern mit geradem Rand und großer Öffnung lässt sich der Inhalt besonders gut entnehmen.

Bügelflaschen und Schraubdeckelflaschen
Sie funktionieren genauso gut wie die Gläser. Die Deckel müssen eine Mindestgröße haben, etwa wie die von Sahneflaschen. Kleine Deckel von Sprudelflaschen sind nicht sicher. Bügelflaschen dagegen sind sicher und hübsch.

Zweiteilige Deckel und Deckel mit Knopf
Zweiteilige Deckel lassen sich gut wieder verwenden, Schraubdeckel mit »Knopf« sind sehr sicher und einfache Schraubdeckel sind günstig.

Flaschen

Aromen für die Ewigkeit

Nicht nur die Art der Abfüllung beeinflusst Geschmack und Haltbarkeit der Zubereitungen, sondern auch Gewürze und Zutaten mit starken Farben.

Natürlich haltbar

Wer einkocht, braucht keine Konservierungsstoffe, denn beim Kochen sterben fast alle Keime ab. Für viele Zubereitungen reicht es aus, die kochend heiße Masse in sterilisierte Gläser zu füllen (s. S. 6 und 7) und anschließend kühl und dunkel zu lagern. Durch das heiße Einfüllen dehnt sich die restliche Luft im Glas zuerst aus und zieht sich dann beim Abkühlen zusammen, sodass ein Unterdruck im Glas entsteht, der den Deckel fest und dauerhaft dicht auf den Glasrand presst. Ungeöffnet ist der Inhalt ca. 12 Monate haltbar (in Einzelfällen auch länger). Nur Zubereitungen mit Nüssen halten oft kürzer, was an den empfindlichen mehrfach ungesättigten Fettsäuren in den Nüssen liegt.

Manchmal ist es jedoch sinnvoll, die verschlossenen Gläser zusätzlich zu sterilisieren (s. S. 9), damit auch die letzte Bakterie im Glas zerstört wird. Die Methode ist zwar etwas umständlicher, aber noch sicherer. Entscheiden Sie selbst, wie sicher Sie arbeiten möchten. Wenn Sie beispielsweise Ihre Produkte auf Märkten oder im Internet verkaufen möchten, müssen sie starke Temperaturschwankungen und andere Belastungen überstehen können. In dem Fall ist das zusätzliche Einkochen mit Sicherheit die richtige Methode. Alles, was heiß in Gläser gefüllt wird, kann zusätzlich sterilisiert werden.

Das volle Aroma

Selbst wenn Sie Ihre Gläser hundertprozentig sauber und sicher einkochen, verändert sich der Inhalt im verschlossenen Glas – ähnlich wie Wein in der Flasche. Manche Früchte und Gemüsesorten verlieren nach einiger Zeit an Farbe und Aroma. Gewürze wie Ingwer oder Sternanis entwickeln in manchen Kombinationen auf Dauer muffige Geschmacksnoten. Daher schmecken viele eingekochte Zubereitungen in den ersten Monaten am besten, obwohl sie viel länger halten würden.

Kombinieren Sie deshalb beim Einkochen Zutaten mit empfindlichen Farben mit farbstabilen Zutaten, zum Beispiel Rhabarber mit ein paar Himbeeren oder Zwetschgen mit Rotwein oder Traubensaft. Oder Mirabellen mit Aprikosen kombinieren. In den Rezepten in diesem Buch sind die Gewürze so aufeinander abgestimmt, dass sie lange gut schmecken. Wenn Sie selbst experimentieren, füllen Sie erst ein paar kleine Gläschen ab, sodass Sie alle paar Wochen eines davon öffnen können, um die Entwicklung der Aromen zu beobachten.

Auch der Zuckergehalt beeinflusst die Haltbarkeit. Die meisten älteren Rezepte für Chutneys sind sehr sauer und gleichzeitig viel zu süß, denn Zucker machte das Chutney haltbar. Wer leichten, vollen Geschmack sucht, ist mit den folgenden modernen Rezepten besser beraten. Mit weniger Zucker und Essig schmecken Fruchtzubereitungen viel besser – sauberes Arbeiten ist dabei dann noch wichtiger.

Traditionell einkochen

Die Methode ist aufwendiger als das einfache »heiß Einfüllen«, dafür ist das Einkochen besonders sicher. Die Gläser und Deckel können Sie beliebig oft wieder verwenden.

Gläser füllen, verschließen und stapeln Das Einmachgut in möglichst gleich große Gläser mit Gummiringen oder Schraubdeckeln bis ca. 2 cm unter den Rand füllen. Nicht höher, denn beim Einkochen beginnt auch der Glasinhalt noch einmal zu sieden. Wenn das Glas zu voll ist, wird der Inhalt nach außen gedrückt. Schraubdeckel oder Gummiringe einige Minuten zuvor in Wasser auskochen. Deckel abtropfen lassen und auf die Gläser schrauben. Die Gummiringe nass auf die Gläser legen, den Deckel auflegen und sorgfältig mit Federklammern verschließen. Ein gefaltetes Küchentuch oder ein passendes rundes Gitter in einen großen Topf legen. Die Gläser nebeneinander in den Topf setzen – möglichst eng zusammenstellen, damit die Gläser sich nicht zu stark bewegen können. Sie können die Gläser auch aufeinander stellen, durch Schraubdeckel oder mit Federklammern gesicherte Gummiringe dringt kein Wasser ein.

Die Kochzeit Den Topf bis knapp unter den Rand des obersten Glases mit Wasser füllen – für heiße Gläser mit heißem Wasser, für kalte Gläser mit kaltem Wasser. Das ist wichtig, damit die Gläser nicht durch einen Temperaturschock kaputt gehen. Alles bei großer Hitze aufkochen, dann bei kleiner Hitze weiterkochen, sodass die Gläser nicht klappern – ab diesem Zeitpunkt beginnt die Kochzeit. Obst- und Gemüsegläser benötigen ca. 20 Minuten.

Ist das Glas wirklich zu? Der Einkochvorgang ist bei Gläsern mit Gummiringen der gleiche wie bei Schraubdeckelgläsern – aber viel einfacher ist hier der Verschlusstest: Die Gläser zuerst vollständig abkühlen lassen, damit sich ein Vakuum bildet. Dann die Federklammern abnehmen oder den Schnappverschluss lösen. Heben Sie das Glas an den Deckelrändern mit den Fingerspitzen vorsichtig hoch. Das Vakuum muss das Gewicht tragen, ohne dass sich der Deckel öffnet.

Pesto und Kräuterdips

Überall, wo grüne Kräuter wachsen, gibt es auch ein traditionelles Rezept für eine »Salsa verde«, also eine grüne Sauce. Sogar die Frankfurter grüne Sauce gehört dazu. Die Salsa verde mit Dill ist an eine ligurische Salsa verde angelehnt, dort wird die Sauce meist mit Petersilie und Olivenöl statt mit Dill und Rapsöl zubereitet. Probieren Sie selbst!

Salsa verde mit Dill

50 g frisches Weißbrot
3 EL Weißweinessig
1 Schalotte
1 Knoblauchzehe
1 Gewürzgurke
1 TL Kapern
2 Bund Dill (oder Petersilie)
125 ml kalt gepresstes Rapsöl
Salz | Pfeffer

Ergibt ca. 200 ml | 15 Min. Zubereitung
Haltbarkeit: mindestens 2 Wochen
Pro 100 ml ca. 640 kcal, 3 g EW, 63 g F, 16 g KH

1 Weißbrot klein zupfen und im Essig einweichen. Schalotte und Knoblauch schälen und klein würfeln. Gewürzgurke klein würfeln. Die Kapern hacken. Den Dill waschen und trocken schütteln, dicke Stiele entfernen und den Rest grob hacken.

2 Das eingeweichte Brot mit Dill und Öl fein pürieren. Gewürzgurken, Schalotte und Knoblauch untermischen. Salsa mit Salz und Pfeffer würzen, in ein Glas füllen, glatt streichen und zum Schluss mit einer dünnen Schicht Öl bedecken. Das Glas verschließen und kühl aufbewahren.

PASST ZU:
Rohen Gemüsesticks, gedünstetem Gemüse, Kartoffeln, großen gekochten Artischocken und zu pochierten, gedünsteten oder gekochten Fischfilets

Klassiker neu aufgelegt

Frankfurter grüne Sauce

Für diese berühmte Sauce bieten viele Kräuterhändler fertige Mischungen an – wenn nicht, dann kombinieren Sie die Kräuter nach Ihrem Geschmack.

2 EL Kräuteressig
1 EL scharfer Senf
Salz | Pfeffer
3 EL Sonnenblumenöl
150 g saure Sahne
4 Eier (M)
2 Bund gemischte Kräuter (für Frankfurter grüne Sauce: Petersilie, Schnittlauch, Kerbel, Kresse Pimpinelle, Sauerampfer, Borretsch, manchmal auch mit Dill)

Ergibt ca. 400 ml
15 Min. Zubereitung | Haltbarkeit: 3 Tage
Pro 100 ml ca. 200 kcal, 8 g EW, 18 g F, 3 g KH

1 Den Essig mit dem Senf glatt verrühren. Mit Salz und Pfeffer kräftig würzen. Mit einem Schneebesen nach und nach das Öl unterschlagen. Zuletzt die saure Sahne unterrühren.

2 Die Eier in ca. 10 Min. hart kochen, kalt abschrecken und pellen. Die Eier hacken oder würfeln – am einfachsten geht das mit einem Eierschneider. Dafür die Eier zuerst in Scheiben, dann in Streifen und zuletzt in kleine Würfel schneiden.

3 Die Kräuter waschen und trocken schütteln, die Blättchen abzupfen und fein hacken. Die Kräuter mit den Eiern unter die Sauce rühren. Die Sauce mit Salz und Pfeffer abschmecken.

PASST ZU:

Salzkartoffeln, gekochtem Rindfleisch wie Tafelspitz oder Ochsenbrust – zumindest in Frankfurt. Sie passt genauso gut zu gekochtem Spargel, ob warm oder kalt als Spargelsalat. Sie schmeckt auch zu Möhren, Kürbis, Lauch oder Staudensellerie, zu Fleischfondue und gegrilltem Schweinekotelett.

BEILAGENTIPP – GEDÜNSTETE ZANDERFILETS

Für 4 Personen: 500–600 g Zanderfilet ohne Haut und Gräten in 4 Portionen teilen, mit Salz und Pfeffer würzen. Den Backofen auf 200° (Umluft 180°) vorheizen. 100 g Kirschtomaten waschen, die Stielansätze entfernen und die Tomaten halbieren. 1 EL Butter in einer ofenfesten Pfanne mit Deckel zerlassen. Die Fischfilets mit den Tomaten in die Pfanne geben, 4 EL Weißwein dazugießen und aufkochen. Die Pfanne mit einem Deckel oder einem gebutterten Stück Alufolie abdecken. Den Fisch im Ofen (Mitte), je nach Dicke, in 12–16 Min. garen. Die Fischfilets aus der Pfanne heben. 1 EL Butter in kleinen Flöckchen unter den Fond rühren. Die Sauce mit Salz und Pfeffer abschmecken und über dem Zander verteilen. Mit Frankfurter grüner Sauce und reichlich frischem Weißbrot oder Salzkartoffeln servieren.

italienische Spezialität

Basilikumpesto

Wer dieses Grundrezept einmal selbst ausprobiert hat, wird nie wieder ein fertig gekauftes Pesto akzeptieren, sondern immer ein Glas im Vorrat haben.

3 EL Pinienkerne
2 Bund Basilikum (ca. 50 g Basilikumblätter)
2 Knoblauchzehen
½ TL Salz
ca. 150 ml Olivenöl
50 g Parmesan

Ergibt ca. 250 ml | 10 Min. Zubereitung
Haltbarkeit: mindestens 2 Wochen
Pro 100 ml ca. 710 kcal, 9 g EW, 72 g F, 5 g KH

1 Die Pinienkerne in einer Pfanne ohne Fett hellbraun rösten, dann herausnehmen und auf einem Teller abkühlen lassen.

2 Die Basilikumblätter abzupfen, nur wenn nötig waschen (je weniger Wasser ins Pesto kommt, desto besser hält es sich). Den Knoblauch schälen und grob zerkleinern. Das Basilikum und den Knoblauch mit dem Salz im Blitzhacker pürieren (für eine schöne grüne Farbe immer zuerst Basilikum und Salz mixen). Das Öl nach und nach untermixen.

3 Die Pinienkerne dazugeben und fein mixen. Je nach Mixer eventuell noch etwas Öl dazugießen, damit das Messer alles gut transportiert. Den Parmesan reiben und unterrühren. Das Pesto in ein Glas füllen, glatt streichen und mit einer dünnen Schicht Olivenöl bedecken. Das Glas verschließen und in den Kühlschrank stellen. Oder das Pesto in Eiswürfelbehältern einfrieren.

PASST ZU:

Gegrilltem Huhn, Fisch, Gemüse, Nudelsaucen, Salatdressings

BEILAGENTIPP – LINGUINE AL PESTO

Für 4 Personen: 400 g grüne Bohnen waschen, putzen, entfädeln und schräg in dünne Scheiben schneiden – das geht am einfachsten mit breiten Bohnen. Die Bohnen in reichlich kochendem Salzwasser in ca. 5 Min. bissfest garen. Mit einem Sieblöffel herausheben oder das Kochwasser durch ein Sieb in einen zweiten Topf abgießen. Das Kochwasser wieder aufkochen, 500 g Linguine oder Spaghetti darin nach Packungsangabe bissfest garen. Eine Schöpfkelle – ca. 100 ml – Nudelwasser abnehmen. Die Nudeln abgießen und wieder in den Topf geben. Pesto, Bohnen und etwas Nudelwasser unterrühren, sodass die Nudeln von einer cremigen Schicht überzogen werden. Dabei nach Belieben 1–2 EL Butter in Flöckchen unter die Nudeln mischen.

VERFEINERUNGSTIPPS

Für mehr Nussaroma und Basilikumduft das Pesto ohne Parmesan und Knoblauch zubereiten und die fein pürierte Masse durch ein feines Sieb streichen. Dieses Pesto schmeckt am Tag der Zubereitung am besten. Es hält sich aber im Kühlschrank genauso lange wie der Klassiker links. Für das Pesto frischen oder frisch getrockneten Knoblauch verwenden, denn Lagerknoblauch schmeckt oft muffig. Leichte Olivenöle, zum Beispiel aus Ligurien, machen das Pesto besonders elegant.

frisch und leicht | macht was her

Korianderpesto

2 EL Cashewnusskerne | 1 Stück frischer Ingwer (ca. 3 cm) | 2 EL Tandoori-Paste (Asienladen) | 2 EL frisch gepresster Limettensaft | 100 ml Traubenkernöl | 2 Bund Koriandergrün | Salz | Pfeffer

Ergibt ca. 200 ml
5 Min. Zubereitung | Haltbarkeit: 2 Wochen
Pro 100 ml ca. 560 kcal, 3 g EW, 55 g F, 7 KH

1 Cashewnusskerne in einer Pfanne ohne Fett hellbraun rösten. Ingwer schälen und in dünne Scheiben schneiden. Mit Tandoori-Paste, Limettensaft und Öl im Blitzhacker pürieren.

2 Koriandergrün waschen, trocken schütteln, mit den Stielen fein hacken und zur Tandoori-Mischung geben. Mit Salz und Pfeffer würzen. Das Pesto mit einer Ölschicht bedecken und kalt stellen.

PASST ZU:
Gekochtem Reis, Reisnudeln oder Wokgerichten, kurz gebratenem oder gegrilltem Fleisch und Fisch

preiswert | ungewöhnlich

Radieschenblätterpesto

3 EL Mandelblättchen | Blätter von 1 Bund Radieschen | Salz | 1 EL Meerrettich (frisch gerieben oder aus dem Glas) | 4 EL Rapsöl | 50 g Allgäuer Bergkäse | 1 EL frisch gepresster Zitronensaft | Pfeffer | 1 Prise gemahlener Kümmel

Ergibt ca. 200 ml
15 Min. Zubereitung | Haltbarkeit: 2 Wochen
Pro 100 ml ca. 370 kcal, 11 g EW, 36 g F, 3 g KH

1 Mandeln in einer Pfanne ohne Fett rösten, bis sie anfangen zu duften. Abkühlen lassen, dann mit den Radieschenblättern, ½ TL Salz, Meerrettich und dem Öl im Blitzhacker fein pürieren. Käse reiben, mit Zitronensaft unter die Radieschenblättercreme rühren. Mit Salz, Pfeffer und Kümmel abschmecken. Das Pesto abfüllen und mit etwas Öl bedecken.

PASST ZU:
Geräuchertem Fisch, Vollkornbrot, Pasta und gedünsteten Radieschenscheiben

Frühjahrsbote | bayerische Spezialität

Bärlauchpesto

50 g Bärlauch (nach Belieben gemischt mit Petersilie) | ½ TL Salz | 150 ml Olivenöl | 2 EL Pinienkerne | 50 g fester Ziegenkäse (oder Parmesan)

Ergibt 250 ml
⏱ 10 Min. Zubereitung | Haltbarkeit: 1 Woche
Pro 100 ml ca. 660 kcal, 5 g EW, 70 g F, 2 g KH

1 Bärlauch waschen, trocken schleudern und in Streifen schneiden. Mit Salz und Öl im Blitzhacker cremig pürieren. Pinienkerne dazugeben und untermixen. Käse reiben und unterrühren. Das Pesto abfüllen und mit etwas Öl bedecken.

PASST ZU:

Bratkartoffeln, Risotto, Pasta, Schmorsaucen und Ragouts, zu frischem Bauernbrot als Aufstrich

TIPP

Das Aroma verändert sich sehr schnell. Das Pesto am besten am Tag der Zubereitung verbrauchen.

griechische Spezialität | schnell verbrauchen

Oregano-Zwiebel-Pesto

300 g rote Zwiebeln | 125 ml frisch gepresster Zitronensaft | 2 TL grobes Salz | 2 EL getrockneter Oregano | 2 TL edelsüßes Paprikapulver | 1 kräftige Prise gemahlener Kreuzkümmel | ca. 150 ml Olivenöl

Ergibt 400 ml | ⏱ 15 Min. Zubereitung
1 Std. Marinieren | Haltbarkeit: 2 Monate
Pro 100 ml ca. 370 kcal, 1 g EW, 38 g F, 5 g KH

1 Zwiebeln schälen, halbieren und in dünne Streifen schneiden. In einer flachen Schüssel mit 100 ml Zitronensaft beträufeln. Das Salz darüberstreuen und die Zwiebeln ca. 1 Std. marinieren.

2 Zwiebeln in einem Sieb ausdrücken. Mit übrigem Zitronensaft, Gewürzen und Öl im Blitzhacker pürieren. Mit Paprikapulver und Kreuzkümmel abschmecken. Abfüllen und mit etwas Öl bedecken.

PASST ZU:

Kalten Fleischgerichten, griechischem Joghurt

moderner Klassiker | cremig-aromatisch

Pesto rosso

2 EL Pinienkerne
50 g getrocknete Tomaten
2–3 Zweige Rosmarin
1 Knoblauchzehe
ca. 125 ml Olivenöl
2 EL frisch geriebener Parmesan
Salz | Pfeffer

Ergibt ca. 300 ml
15 Min. Zubereitung | Haltbarkeit: 2 Wochen
Pro 100 ml ca. 450 kcal, 3 g EW, 48 g F, 1 g KH

1 Pinienkerne in einer Pfanne ohne Fett hellbraun rösten. Auf einem Teller abkühlen lassen. Getrocknete Tomaten in 125 ml Wasser bei kleiner Hitze in ca. 8 Min. weich kochen, dann im Kochwasser abkühlen lassen. Rosmarin waschen und trocken schütteln, die Nadeln abstreifen und hacken. Den Knoblauch schälen und grob zerkleinern.

2 Pinienkerne, getrocknete Tomaten samt Kochwasser, Knoblauch, Rosmarin und Öl im Blitzhacker mixen. Parmesan unter das Pesto rühren. Mit Salz und Pfeffer würzen. Pesto in ein Glas füllen, glatt streichen, dünn mit Olivenöl bedecken. Das Glas verschließen und kalt stellen.

BEILAGENTIPP – RISOTTO ROSSO

Für 4 Personen: 1 l Brühe aufkochen. 1 EL Olivenöl erhitzen, 300 g Risottoreis darin 2–3 Min. anschwitzen. Mit 125 ml Weißwein ablöschen. Die heiße Brühe nach und nach zugeben und offen bei kleiner Hitze ca. 18 Min. kochen lassen, dabei ab und zu umrühren. Das Pesto einrühren und den Risotto servieren.

einfach raffiniert | schnell

Grüne Oliventapenade

100 g grüne Oliven ohne Stein
2 Knoblauchzehen
1 TL Kapern
4 EL Olivenöl
1 Prise Chilipulver
1 EL frisch gepresster Zitronensaft
4 Stängel Zitronenmelisse
Salz | Pfeffer

Ergibt ca. 200 ml | 10 Min. Zubereitung
Haltbarkeit: mindestens 4 Wochen
Pro 100 ml ca. 260 kcal, 2 g EW, 28 g F, 2 g KH

1 Die Oliven grob zerkleinern. Knoblauch schälen und in Scheiben schneiden. Beides mit den Kapern im Blitzhacker pürieren. Das Öl nach und nach dazugeben, bis eine sämige Paste entsteht.

2 Chilipulver und Zitronensaft dazugeben. Zitronenmelisse waschen und trocken schütteln, die Blättchen klein zupfen und unter die Paste mixen. Mit Salz und Pfeffer würzen. Tapenade in ein Glas füllen, glatt streichen, dünn mit Olivenöl bedecken. Das Glas verschließen und kalt stellen.

PASST ZU:

Crostini, gerösteten Weißbrotscheiben

VARIANTE

Ein Drittel der Oliven durch Sardellenfilets (in Öl) ersetzen. Zusätzlich zur Zitronenmelisse 1 Bund Petersilie klein zupfen und 1 klein gewürfelte Tomate untermischen. Fein zu Käse und gegrilltem Gemüse.

oben: Pesto rosso | unten: Grüne Oliventapenade

orientalisch | fürs Grillfest

Minz-Chermoula

Eigentlich ist die Chermoula eine nordafrikanische Marinade. Doch diese Minz-Chermoula schmeckt pur gut, als Dip oder mit etwas Joghurt verrührt.

1 Zwiebel
2 Knoblauchzehen
2 EL Korianderkörner
2 EL Kreuzkümmelsamen
½ Bund Minze
1 EL edelsüßes Paprikapulver
½ TL Cayennepfeffer
1 EL Kurkumapulver
6 EL Olivenöl
Salz | Pfeffer

Ergibt ca. 200 ml
15 Min. Zubereitung | Haltbarkeit: 3 Tage
Pro 100 ml ca. 400 kcal, 4 g EW, 34 g F, 14 KH

1 Die Zwiebel und den Knoblauch schälen und sehr fein würfeln oder hacken. Korianderkörner und Kreuzkümmelsamen im Mörser zerstoßen. Die Minze waschen und trocken schütteln, die Blätter abzupfen und hacken.

2 Zwiebel, Knoblauch, Korianderkörner und Kreuzkümmelsamen mit Paprikapulver, Cayennepfeffer und Kurkumapulver mischen, das Olivenöl unterrühren. Die Chermoula mit Salz und Pfeffer kräftig würzen und in saubere Gläser füllen. Die Gläser verschließen und in den Kühlschrank stellen.

GRILLTIPP

Lamm, Hähnchen oder Riesengarnelen ohne Schale mit der Minz-Chermoula einreiben und mindestens 1 Std. im Kühlschrank ziehen lassen. Wie fast alle Grillmarinaden verträgt die Chermoula weniger Hitze als das darin marinierte Fleisch. Deswegen eignet sie sich vor allem für Stücke mit kurzer Garzeit, zum Beispiel Satéspießchen, Schnitzel, Medaillons oder Hähnchenbrustfilets. Die Temperatur auf dem Grill sollte nicht zu hoch sein. Am besten ist es indirekt zu grillen, dabei tropft die Marinade nicht in die Glut. Die gegrillten Stücke mit Zitronen- oder Limettenspalten servieren. Die frische Säure ergänzt das kräftige Aroma der Chermoula-Marinade.

VARIANTEN

Chermoula-Dip: Aus der Marinade wird ein Dip, wenn man entweder zusätzlich 2 EL frisch gepressten Zitronensaft unterrührt oder das Öl durch Joghurt (z. B. griechischer Joghurt 10 % Fett) ersetzt. Er passt zu gegrilltem Fleisch, Fisch, Gemüse oder Couscous.

Blitz-Couscous-Salat: 300 g Instant Couscous mit 300 ml lauwarmem Wasser bedecken und ca. 10 Min. quellen lassen. Den Chermoula-Dip untermischen. Der Salat schmeckt warm oder kalt und lässt sich gut am Vortag zubereiten – vor dem Servieren aber noch einmal abschmecken. Um den Couscous zu erwärmen, 2 EL Butter in einer beschichteten Pfanne aufschäumen lassen, Couscous-Salat zugeben und 5 Min. erhitzen, dabei öfter umrühren.

für Gäste | raffiniert

Zitronen-Fenchel-Salsa

1 Bund Petersilie
8 in Öl eingelegte Sardellenfilets
¼ Salzzitrone (aus dem Orientladen, oder
2 TL abgeriebene Schale von 1 Bio-Zitrone)
8 getrocknete Aprikosen (oder Datteln)
1 Fenchelknolle
3–4 EL frisch gepresster Zitronensaft
Salz | Pfeffer
3–4 EL Pinienkerne
150 ml Olivenöl

Ergibt ca. 300 ml | 15 Min. Zubereitung
15 Min. Marinieren | Haltbarkeit: 2 Wochen
Pro 100 ml ca. 610 kcal, 6 g EW, 59 g F, 12 g KH

1 Für die Sauce die Petersilie waschen und trocken schütteln. Sardellenfilets abtropfen lassen. Die Salzzitrone samt Schale und Fruchtfleisch, Sardellenfilets, Aprikosen und Petersilie hacken. Den Fenchel waschen, halbieren, den mittleren Strunk entfernen und die Hälften klein würfeln. Alles mit Zitronensaft, etwas Salz und Pfeffer mischen und mindestens 15 Min. marinieren.

2 Inzwischen die Pinienkerne hellbraun rösten, dann abkühlen lassen und hacken. Mit dem Öl unter die Sauce rühren. Die Sauce mit Salz und Pfeffer abschmecken und in ein Glas füllen. Das Glas verschließen und in den Kühlschrank stellen.

PASST ZU:

Italienischen Antipasti oder gekochtem weißem Spargel. Oder den Spargel etwas kürzer kochen und in einem Klappgitter auf dem Grill fertig garen.

schnell verbrauchen | macht was her

Koriander-Salsa

2 Gurken | Salz
2 Frühlingszwiebeln | 2 Bio-Limetten
1 Bund Koriandergrün | 2 EL Olivenöl
1–2 EL Chiliöl (siehe Tipp)

Ergibt ca. 400 ml | 15 Min. Zubereitung
15 Min. Marinieren | Haltbarkeit: 3 Tage
Pro 100 ml ca. 140 kcal, 2 g EW, 11 g F, 5 g KH

1 Gurken schälen, längs halbieren und mit einem Teelöffel entkernen. Die Hälften klein würfeln oder grob raspeln, salzen und ca. 15 Min. ziehen lassen.

2 Inzwischen die Frühlingszwiebeln putzen, waschen und längs halbieren. Die Hälften zuerst in Streifen und diese quer fein schneiden. Limetten mit einem scharfen Messer schälen. Das Fruchtfleisch zuerst in dünne Scheiben schneiden, dann würfeln. Das Koriandergrün waschen und trocken schütteln, die Blättchen abzupfen und grob hacken.

3 Gurken in einem Küchentuch auspressen, dann mit den vorbereiteten Zutaten und beiden Ölsorten mischen. Salsa in ein sauberes Glas füllen. Das Glas verschließen und in den Kühlschrank stellen.

PASST ZU:

Gegrilltem oder gebratenem Fisch, zu Tacos und Enchiladas als Dip

TIPP – CHILIÖL

50 g rote Chilischoten putzen und waschen, in Ringe schneiden, kräftig salzen und ca. 1 Std. ziehen lassen. Chilis waschen, trocken tupfen und in einem Glas mit 200 ml neutralem Pflanzenöl oder Olivenöl bedecken. Hält sich im Kühlschrank mindestens 2 Monate.

oben: Zitronen-Fenchel-Salsa | unten: Koriander-Salsa

Chutneys & Fruchtsaucen

In Indien, Pakistan oder Afghanistan sind Chutneys oft frische Würzsaucen, hierzulande hat sich das Wort für fruchtige, gekochte Saucen durchgesetzt. In diesem Kapitel gibt es eine große Auswahl davon. Ich liebe einfache Chutneys mit wenigen, kräftigen Gewürzen und einem kleinen, unerwarteten Kick – den geben bei dieser Salsa Espresso-Kaffeebohnen und fruchtige Jalapeño-Chilis.

Jalapeño-Pfirsich-Salsa mit Kaffee

800 g reife Pfirsiche
200 g rote Zwiebeln
2–5 Jalapeño-Chilis (oder grüne Chilischoten)
3 Limetten
1 EL Espresso-Kaffeebohnen
150 g Zucker
½ TL gemahlener Piment | Salz

Ergibt ca. 800 ml
15 Min. Zubereitung | Haltbarkeit: 12 Monate
Pro 100 ml ca. 120 kcal, 1 g EW, 0 g F, 28 g KH

1 Die Pfirsiche waschen, halbieren, entsteinen und in kleine Stücke schneiden. Die Zwiebeln schälen und klein würfeln. Die Jalapeño-Chilis längs halbieren, entkernen, waschen und in Streifen schneiden. Den Saft der Limetten auspressen. Die Kaffeebohnen im Mörser zerstoßen.

2 Den Zucker in einem Topf mit 3 EL Wasser aufkochen, dann bei kleiner Hitze köcheln lassen, bis der Zucker hellbraun zu karamellisieren beginnt. Mit 4 EL Wasser ablöschen (Vorsicht der Zucker ist sehr heiß, es kann spritzen!).

3 Pfirsiche, Zwiebeln, Jalapeño-Chilis, Kaffeebohnen, Piment und 1 Prise Salz dazugeben. Alles offen ca. 20 Min. köcheln lassen, bis die Salsa die Konsistenz einer Konfitüre hat. Den Limettensaft hinzufügen und weitere 3 Min. köcheln lassen. Sofort in saubere Schraubdeckelgläser füllen und die Gläser verschließen (s. S. 6).

PASST ZU:
Würstchen und gegrilltem oder kurz gebratenem Geflügel- oder Schweinefleisch

Klassiker neu aufgelegt | fruchtig

Mangochutney

Fünf Dinge braucht ein gutes Chutney – reife und aromatische Früchte, Zitrussaft oder eine andere feine Säure, Zucker, Ingwer und kräftige Gewürze.

100 g Schalotten
1 Stück frischer Ingwer (ca. 5 cm)
2–5 rote Chilischoten
1 Bio-Orange
1 Bio-Limette
2 reife Mangos
50 g getrocknete Mangos
1 TL Korianderkörner
1 TL Senfkörner
1 Zimtstange
100 g brauner Zucker
½ TL Salz

Ergibt ca. 500 ml | 20 Min. Zubereitung
30 Min. Garen | Haltbarkeit: 12 Monate
Pro 100 ml ca. 190 kcal, 2 g EW, 1 g F, 43 g KH

1 Die Schalotten schälen und in dünne Ringe schneiden. Den Ingwer schälen und fein hacken. Die Chilisschoten putzen, waschen und mit den Kernen fein hacken. Orange und Limette heiß waschen und abtrocknen. Von beiden jeweils 1–2 TL Schale abreiben und den Saft auspressen. Die Mangos schälen, das Fruchtfleisch vom Stein schneiden und klein würfeln. Die getrockneten Mangostücke etwas kleiner schneiden.

2 Schalotten, Ingwer, Chilis, Zitrusschalen, Zitrussaft, Mangos, Koriander- und Senfkörner, Zimtstange, Zucker und Salz in einen Topf geben und offen bei kleiner Hitze unter häufigem Rühren 25–30 Min. köcheln lassen, bis das Chutney dickflüssig ist. Die Zimtstange entfernen. Die kochend heiße Masse sofort in Schraubdeckelgläser füllen und die Gläser verschließen (s. S. 6)

PASST ZU:

Frühlingsrollen, Tempura und anderen asiatischen Gerichten. Vor allem kann man damit aber Currys, Ragouts und Gerichte aus dem Wok abschmecken und ihnen einen süß-sauer-scharfen Kick geben.

GUT ZU WISSEN

Chutneys kommen aus Indien, Pakistan, Nepal oder Afghanistan und werden dort als frische Würzsaucen zubereitet. Für ein frisches Mangochutney einfach Orange und Trockengewürze weglassen, dafür grob gehackte Blättchen von 1 Bund Koriandergrün unter die gewürfelten Früchte mischen. Das Koriandergrün gibt es oft mit Wurzeln, diese dann gründlich waschen und ungeschält hacken oder im Mörser fein zerkleinern und ebenfalls unter die Früchte mischen. So bekommt das Chutney eine besonders authentische Note.

Die Chilimengen sind in dem Rezept viel geringer, als sie es in Indien wären – die genaue Menge richtet sich nach Ihrem Geschmack, wobei schon eine einzelne Chilischote dem Chutney eine deutliche Grundschärfe gibt. Fertige Chutneys aus dem Glas sind oft zu süß und zu sauer – so halten sie nämlich fast unbegrenzt. Selbst gekocht mit weniger Zucker und etwas Säure kommt der Fruchtgeschmack viel besser zur Geltung und die Haltbarkeit ist trotzdem gegeben.

fruchtig-scharf | braucht etwas Zeit

Rhabarberchutney

1 kg Rhabarber | 200 g Lauch | 200 g getrocknete Aprikosen | 6 Knoblauchzehen | 75 g frischer Ingwer | 50 g Himbeeren | 100 ml Apfelsaft | 1 EL Senfkörner | ½ TL Kreuzkümmel | 150 g Zucker | Salz | Pfeffer

Ergibt ca. 750 ml
1 Std. Zubereitung | Haltbarkeit: 12 Monate
Pro 100 ml ca. 185 kcal, 3 g EW, 1 g F, 39 g KH

1 Rhabarber waschen, putzen, eventuell schälen und klein würfeln. Lauch putzen, längs halbieren, waschen und würfeln. Aprikosen in Streifen schneiden. Knoblauch und Ingwer schälen und in dünne Scheibchen schneiden. Himbeeren verlesen. Vorbereitete Zutaten mit Apfelsaft, Gewürzen und Zucker bei kleiner Hitze unter häufigem Rühren ca. 30 Min. einkochen lassen. Mit Salz und 1 kräftigen Prise Pfeffer würzen. Sofort in Schraubdeckelgläser füllen und die Gläser verschließen (s. S. 6). Passt zu afghanischen oder indischen Reisgerichten.

für Gäste und Feste | preiswert

Zwiebelmarmelade

1 kg Zwiebeln | 350 ml frisch gepresster Orangensaft | 150 ml Holunderblütensirup | ½ TL getrockneter Oregano | 3 EL Olivenöl | Salz

Ergibt ca. 750 ml | 20 Min. Zubereitung
45 Min. Garen | Haltbarkeit: 12 Monate
Pro 100 ml ca. 140 kcal, 2 g EW, 5 g F, 23 g KH

1 Zwiebeln schälen und würfeln. Mit Orangensaft offen bei kleiner Hitze in ca. 45 Min. weich garen. Sirup, Oregano und Öl einrühren. Mit Salz würzen und noch 2–3 Min. kochen lassen. Sofort in Schraubdeckelgläser füllen und die Gläser verschließen (s. S. 6). Passt zur Käseplatte.

TIPP – SIRUP SELBER KOCHEN

4 Bio-Zitronen waschen und in Scheiben schneiden. 12 Holunderblütendolden in 600 ml Weißwein legen. Mit Zitronenscheiben belegen. Abgedeckt im Kühlschrank 4 Tage ziehen lassen. Durch ein Sieb gießen, mit 600 g Zucker aufkochen, heiß abfüllen.

frisch-aromatisch

Apfelchutney

2 EL grüner Pfeffer (frisch oder aus dem Glas) | 1 TL Szechuan-Pfeffer (Asienladen) | 2 Bio-Limetten | 1 kg Äpfel (z. B. Granny Smith) | 150 g Zucker | 12 Wacholderbeeren | 1 TL Salz | 100 ml Apfelsaft

Ergibt ca. 750 ml
1 Std. Zubereitung | Haltbarkeit: 12 Monate
Pro 100 ml ca. 150 kcal, 0 g EW, 0 g F, 34 g KH

1 Die grünen Pfefferbeeren im Mörser zerstoßen. Szechuan-Pfeffer ohne Fett rösten, bis er zu duften beginnt. Dann im Mörser schroten. Limetten heiß waschen und abtrocknen, die Schale abreiben und den Saft auspressen. Äpfel vierteln, entkernen und raspeln. Mit beiden Pfeffersorten, Limettenschale und -saft, Zucker, Wacholderbeeren, Salz und Apfelsaft in einem Topf offen bei kleiner Hitze ca. 20 Min. dünsten. Das Chutney sofort in Schraubdeckelgläser füllen und die Gläser verschließen (s. S. 6). Passt zu gegrilltem, geräuchertem oder gebratenem Fisch, Wild, Ziegenkäse, Pumpernickel.

zum Verschenken | preiswert

Kürbischutney

750 g Hokkaido-Kürbis | 250 g Zwiebeln | 4 Zweige Rosmarin | 3 EL Pinienkerne | 6 EL Sultaninen | 2 EL Zucker | ½ TL Salz | Pfeffer | 1 Prise gemahlener Kümmel | 4 EL Weißweinessig

Ergibt ca. 750 ml
1 Std. Zubereitung | Haltbarkeit: 12 Monate
Pro 100 ml ca. 90 kcal, 2 g EW, 3 g F, 15 g KH

1 Kürbis waschen, entkernen und mit Schale grob raspeln. Zwiebeln schälen, halbieren und in Streifen schneiden. Rosmarin waschen und trocken schütteln, die Nadeln abstreifen und hacken.

2 Pinienkerne in einem Topf ohne Fett rösten, bis sie duften, dann 250 ml Wasser dazugießen. Kürbis, Zwiebeln, Sultaninen und Zucker zugeben. Mit Salz, Pfeffer und Kümmel würzen. Zugedeckt in ca. 25 Min. weich dünsten. Essig zugeben und offen in 2–3 Min. einkochen. Heiß abfüllen. Passt zu Rindfleisch, Brot oder Risotto.

amerikanische Spezialität

Preiselbeersauce

400 g Rohrohrzucker (z. B. Muscovadozucker)
500 ml Portwein (oder Apfelsaft)
2 Bio-Orangen
750 g Preiselbeeren (oder Cranberrys)
1 TL Lebkuchengewürz
frisch gemahlener Pfeffer

Ergibt ca. 1,2 l
15 Min. Zubereitung | Haltbarkeit: 12 Monate
Pro 100 ml ca. 250 kcal, 0 g EW, 0 g F, 50 g KH

1 Den Zucker mit Portwein in einem Topf aufkochen und offen in 6–8 Min. sirupartig einkochen lassen. Die Orangen heiß waschen und abtrocknen. Die Schale von 1 Orange abreiben. Saft von beiden Orangen auspressen. Die Preiselbeeren waschen, verlesen und abtropfen lassen.

2 Preiselbeeren, Orangensaft und -schale in den Portweinsirup geben, alles aufkochen und bei mittlerer Hitze 15–20 Min. kochen, bis die meisten Beeren geplatzt sind.

3 Die Sauce mit Lebkuchengewürz und 1 kräftigen Prise Pfeffer würzen. Die kochend heiße Masse sofort in Schraubdeckelgläser füllen und die Gläser verschließen (s. S. 6). Schmeckt warm und kalt.

PASST ZU:
Wild- und Putengerichten, Wiener Schnitzel, Kalbsfleischpflanzerl, Räucherfisch und Süßspeisen wie Apfelkücherl, Pfannkuchen oder Milchreis

preiswert | fruchtig-fein

Hagebuttensauce

½ EL frisch gemahlener schwarzer Pfeffer
3 Wacholderbeeren
5 Pimentkörner | 1 Nelke
1 getrocknetes Lorbeerblatt
½ TL Kardamomsamen
500 g Zwiebeln
2 Bio- Orangen | 2 EL Rapsöl
125 ml Apfelsaft | 100 g brauner Zucker
1 TL Salz | 300 g ungesüßtes Hagebuttenmark (www.hagebuttenmark.de oder Reformhaus)
2 EL Apfelessig

Ergibt ca. 750 ml
10 Min. Zubereitung | Haltbarkeit: 12 Monate
Pro 100 ml ca. 150 kcal, 2 g EW, 3 g F, 27 g KH

1 Alle Gewürze im Blitzhacker oder in einer Gewürzmühle mahlen. Zwiebeln schälen und würfeln. Orangen heiß waschen und abtrocknen, die Schale abreiben und den Saft auspressen.

2 Das Öl erhitzen, Zwiebeln und Orangenschale darin 2–3 Min. anschwitzen. Mit Apfel- und Orangensaft ablöschen. Gewürzmischung, Zucker und Salz zugeben, die Zwiebeln offen bei kleiner Hitze in ca. 20 Min. weich kochen.

3 Hagebuttenmark unter die Zwiebeln rühren, mit Essig abschmecken und ca. 2 Min. köcheln lassen. Die kochend heiße Masse sofort in Schraubdeckelgläser füllen und die Gläser verschließen (s. S. 6).

PASST ZU:
Wild- und Schmorgerichten als Dip, zum Verfeinern von Schmor- und Bratensaucen

oben: Preiselbeersauce | unten: Hagebuttensauce

zum Verschenken | raffiniert

Zitronenchutney

Das Fruchtfleisch schmeckt sauer, frisch und sommerlich, doch ein großer Teil des Aromas der Zitronen steckt in der Schale – sie wird mitverwendet.

4 Bio-Zitronen (ca. 750 g)
Meersalz
4 weiße Zwiebeln
4 Stängel Zitronengras
1 TL Korianderkörner
250 g Zucker
½ Bund Thai-Basilikum (Asienladen)

Für 2 Weckgläser à 500 ml
20 Min. Zubereitung | 3 Std. Garen
Haltbarkeit: 12 Monate
Pro Weckglas ca. 670 kcal, 4 g EW, 3 g F, 143 g KH

1 Zitronen waschen und in kochendem Wasser ca. 5 Min. kochen. Dann abgießen, mit frischem Wasser wieder aufkochen und weitere 5 Min. kochen. Erneut abgießen, wieder mit frischem Wasser aufkochen und weitere 5 Min. kochen. Die Zitronen anschließend in kochendem Salzwasser zugedeckt bei kleiner Hitze ca. 3 Std. köcheln lassen. Die Zitronen herausnehmen und etwas abkühlen lassen. Die Früchte quer halbieren, Kerne und Stielansatz entfernen (Bild 1). Schale und Fruchtfleisch hacken.

2 Zwiebeln schälen und würfeln. Vom Zitronengras die trockenen äußeren Blätter entfernen, die Stängel längs vierteln und dann quer fein schneiden (Bild 2). Zwiebeln, Zitronengras, Korianderkörner mit 350 ml Wasser in einemTopf zugedeckt ca. 20 Min. dünsten, bis die Zwiebeln weich sind.

3 Zitronen und Zucker zu den Zwiebeln geben und offen in ca. 25 Min. einkochen lassen. Thai-Basilikum waschen, trocken schütteln und hacken, zum Chutney geben und 1–2 Min. mitkochen. Die kochend heiße Masse sofort in Schraubdeckelgläser füllen und die Gläser verschließen (s. S. 6).

PASST ZU:

Fisch, Meeresfrüchten, Pasta, Käse

BEILAGENTIPP – LINGUINE MIT MEERESFRÜCHTEN

Für 4 Personen: 400 g Linguine nach Packungsangabe bissfest kochen. 2 EL Olivenöl erhitzen, 200 g längs halbierte Riesengarnelen, Tintenfischringe, gewürfeltes Fischfilet oder vorgekochte Muscheln darin bei großer Hitze 2–3 Min. anbraten. Mit 100 ml Nudelkochwasser oder 100 ml Geflügelbrühe ablöschen, 4 EL Zitronen-Chutney und 1 Butterflöckchen unterrühren. Die Nudeln in ein Sieb abgießen, dann mit den Meeresfrüchten mischen, bis sie mit Sauce überzogen sind. Oder die Meeresfrüchte weglassen, dafür die Nudeln mit dem Zitronen-Chutney und 1 Handvoll frisch gehackter Petersilie vermischen.

AUSTAUSCH-TIPP

Die Zitronen durch 600 g Bio-Mandarinen ersetzen und die Garzeit halbieren. Echte Mandarinen gibt es um Weihnachten herum, vor allem ihre Schalen schmecken sehr aromatisch. Satsumas und Co. sind für diese Variante nicht geeignet.

1

2

3

karibisch | für die Grillparty

Gurken-Ananas-Salsa

2 Schalotten | 50 g frischer Ingwer
200 g Gurke | 200 g Ananas (geschält)
2 EL brauner Zucker
1 TL Quatre-épices (frz. Gewürzmischung aus weißem Pfeffer, Zimt, Nelke und Muskat aus dem Supermarkt, ersatzweise Piment)
½ Bund Dill (oder Koriandergrün)
Salz | Pfeffer
1 EL Reisessig

Ergibt ca. 400 ml
10 Min. Zubereitung | Haltbarkeit: 3 Tage
Pro 100 ml ca. 80 kcal, 1 g EW, 0 g F, 17 g KH

1 Schalotten und Ingwer schälen. Die Schalotten klein würfeln, den Ingwer fein reiben. Gurke schälen, längs halbieren, entkernen und die Hälften klein würfeln. Ananas ebenfalls klein würfeln.

2 Zucker mit 2 EL Wasser offen bei großer Hitze sirupartig einkochen lassen. Gewürzmischung und Schalotten zugeben, einmal umrühren und vom Herd nehmen. Gewürzsirup mit Gurkenwürfel und Ananas mischen. Dill waschen, trocken schütteln, grob hacken und unter die Salsa mischen. Mit Salz, Pfeffer und Reisessig abschmecken.

PASST ZU:
Kurz gebratenem und gegrilltem Fleisch

VARIANTE
Mit 200 g gekochten Reisnudeln in Spaghettiform und 1 Handvoll Sprossen wird daraus ein sommerlicher Asia-Nudelsalat. Wer will, legt noch ein paar gebratene Hähnchenspieße obendrauf.

amerikanische Spezialität | frisch-würzig

Gurkenrelish mit Ingwer

2 Gurken (ca. 800 g) | 2 Zwiebeln
2 Stangen Staudensellerie
2–3 große, milde rote Chilischoten
Salz | 200 g Gewürzgurken
200 g frischer Ingwer
150 ml Reisessig (oder Apfelessig)
200 g Zucker | 1 EL Senfsamen
1 TL Fenchelsamen (oder Selleriesamen)

Ergibt ca. 600 ml | 10 Min. Zubereitung
1 Std. Ziehen | Haltbarkeit: 12 Monate
Pro 100 ml ca. 200 kcal, 3 g EW, 1 g F, 43 g KH

1 Gurken schälen, halbieren, entkernen und raspeln. Zwiebeln schälen und fein würfeln. Staudensellerie putzen, waschen und fein würfeln. Chilischoten halbieren, entkernen, waschen und hacken. Alle vorbereiteten Zutaten mit 4 EL Salz mischen und ca. 1 Std. ziehen lassen.

2 Die Gewürzgurken klein würfeln. Den Ingwer schälen, in dünne Scheiben schneiden und im Blitzhacker mit dem Reisessig pürieren.

3 Die Gurkenmischung in einem Sieb mit kaltem Wasser abspülen und in einem Tuch ausdrücken. Mit Gewürzgurkenpüree, Zucker, Senf- und Fenchelsamen in einem Topf aufkochen und zugedeckt bei kleiner Hitze ca. 15 Min. köcheln lassen. Mit Salz und Pfeffer würzen. Relish sofort in Schraubdeckelgläser füllen und die Gläser verschließen (s. S. 6).

PASST ZU:
Hotdogs, gebratenem oder gedünstetem Geflügel- oder Schweinefleisch, Fisch, eingelegten Heringen

links: Gurken-Ananas-Salsa | rechts: Gurkenrelish mit Ingwer

minzefrisch | tomatensüß

Grüne Tomatensalsa

Manche würden auch Ketchup dazu sagen, doch diese leuchtend grüne Salsa schmeckt wesentlich würziger und ist genauso vielseitig verwendbar.

1 kg g reife, grüne Tomaten (siehe Tipp; oder rote Tomaten)
3 Zwiebeln | 10 Knoblauchzehen
2 Stangen Staudensellerie
1–2 EL grüner Pfeffer (frisch oder aus dem Glas)
½ TL Salz
3 EL Zucker | 1 TL Senfkörner
3 EL Apfelessig
½ Bund Minze

Für ca. 750 ml | 20 Min. Zubereitung
45 Min. Garen | Haltbarkeit: 12 Monate
Pro 100 ml ca. 60 kcal, 2 g EW, 1 g F, 12 g KH

1 Die Tomaten waschen, die Stielansätze entfernen und die Tomaten grob zerkleinern. Zwiebeln und Knoblauch schälen und klein würfeln. Den Staudensellerie waschen, putzen, eventuell entfädeln und längs in dünne Streifen schneiden. Die Streifen quer in dünne Scheibchen schneiden. Die Pfefferkörner im Mörser leicht zerstoßen.

2 Tomaten, Zwiebeln, Staudensellerie und Knoblauch mit Salz, Zucker, Pfeffer- und Senfkörnern in einen Topf geben und zugedeckt aufkochen, anschließend bei mittlerer Hitze ca. 25 Min. dünsten. Den Apfelessig dazugeben und alles offen bei großer Hitze unter häufigem Rühren in ca. 20 Min. dickflüssig einkochen lassen.

3 Für eine glatte Salsa die Masse durch ein Passiergerät (z. B. eine Flotte Lotte) drehen. Oder die Masse stückig lassen. Die Minze waschen und trocken schütteln, die Blättchen abzupfen und hacken, mit der Salsa einmal aufkochen. Die kochend heiße Masse sofort in Schraubdeckelgläser füllen und die Gläser verschließen (s. S. 6).

PASST ZU:

Gebackenen Süßkartoffeln, Bratwürstchen, Lammsteaks. Oder zu Pommes frites, dann statt Minze frische Basilikumblätter verwenden.

BEILAGENTIPP – SÜSSKARTOFFELN

Für 4 Personen: Ca. 600 g Süßkartoffeln waschen, sodass man die Schale mitessen kann. Die Süßkartoffeln in fingerdicke Scheiben schneiden und mit dem Saft von 1 Zitrone, 1 EL Honig und 2 EL Sonnenblumenöl mischen. Die Kartoffeln mit Salz und Pfeffer würzen und in eine ofenfeste Form geben. Im Ofen (Mitte) bei 200° (Umluft 180°) ca. 20 Min. backen.

GUT ZU WISSEN

Grüne, unreife Tomaten enthalten Solanin, den Stoff, der auch grüne Kartoffeln ungenießbar macht. Solanin ist teilweise hitzebeständig, deshalb sind traditionelle Zubereitungen für unreife Tomaten mit Vorsicht zu genießen. Es gibt aber Tomatensorten, die grün bleiben, auch wenn sie schon vollreif sind, zum Beispiel Green Tiger, Green Pineapple, Green Zebra oder Tigerella. Viele dieser Tomatensorten schmecken besonders gut, nicht nur in der Salsa, sondern auch als Tomatensalat. Die Salsa kann man auch mit reifen roten Tomaten zubereiten und die Minze durch Basilikum ersetzen.

Nussige Dips und Cremes

Aus Nüssen und ölhaltigen Samen lassen sich nicht nur feines Gebäck und edle Öle zaubern. Sie schmecken auch in Dips oder samtig-würzigen Cremes. Mit indonesischen Hähnchenspießen und dieser Saté-Erdnusscreme werden meine frühesten Kindheitserinnerungen an exotische Genüsse geweckt. Ihre vielleicht auch – nach dem ersten Bissen!

Saté-Erdnusscreme

3 Knoblauchzehen
2 Zwiebeln
1–3 Chilischoten (siehe Tipp)
150 g geröstete, gesalzene Erdnüsse
500 ml Gemüsebrühe
2 TL Korianderkörner
Pfeffer
Erdnussöl

Ergibt ca. 750 ml | 10 Min. Zubereitung
30 Min. Garen | Haltbarkeit: 1–2 Monate
Pro 100 ml ca. 160 kcal, 6 g EW, 13 g F, 4 g KH

1 Knoblauch und Zwiebeln schälen und klein würfeln. Chilischoten mit Kernen und Erdnüsse hacken. Knoblauch, Zwiebeln, Chilis und Nüsse mit Brühe und Korianderkörnern aufkochen und offen bei kleiner Hitze ca. 30 Min. köcheln lassen.

2 Die Sauce im Blitzhacker fein pürieren und mit Pfeffer abschmecken. Falls die Sauce zu flüssig ist, noch 1–2 Min. offen unter Rühren einkochen lassen. Die Masse sofort in Schraubdeckelgläser füllen und mit einer dünnen Ölschicht bedecken. Die Gläser verschließen und kalt stellen.

PASST ZU:
Fleischspießchen, Fondue, gekochtem Gemüse

GUT ZU WISSEN
Für viele Rezepte benötigen Sie nur wenige Chilischoten, viel weniger als in einem Päckchen stecken. Die übrigen Schoten lassen sich sehr gut einfrieren oder auf einen Faden fädeln und trocknen. Getrocknet lassen sie sich leicht zerbröseln. Oder bereiten Sie eine Sauce daraus (s. S. 52) zu, dann halten sie fast unbegrenzt.

sehr edel | macht süchtig

Spanische Mandelsauce

Diese Sauce ist eine Reise wert: Mit selbst gepflückten Mandeln aus dem Garten einer spanischen Finca schmeckt sie nämlich noch besser.

100 g Mandeln (oder geschälte Mandeln)
4 Knoblauchzehen
1–3 rote Chilischoten
500 ml Gemüsebrühe | 3 EL Weißwein
1 Döschen Safranfäden (ca. 0,1 g)
3 EL Olivenöl
1 Bund Koriandergrün
Salz | Pfeffer

Ergibt ca. 300 ml
30 Min. Zubereitung | Haltbarkeit: 2 Wochen
Pro 100 ml ca. 315 kcal, 7 g EW, 28 g F, 4 g KH

1 Die Mandeln mit kochendem Wasser überbrühen, bis sich die Häutchen lösen. Dann abgießen und enthäuten. Knoblauch schälen. Chilischoten waschen und putzen. Knoblauch, Mandeln und Chilischoten mit Kernen hacken. Alles in einen Topf geben, mit der Brühe aufkochen und zugedeckt bei kleiner Hitze ca. 45 Min. köcheln lassen.

2 Inzwischen den Wein mit dem Safran aufkochen und ziehen lassen. Die Safran-Wein-Mischung zu den Mandeln geben und aufkochen. Den Topf vom Herd nehmen, alles mit dem Pürierstab möglichst fein pürieren. Die Sauce abkühlen lassen.

3 Das Öl unter die Mandelsauce rühren. Das Koriandergrün waschen, trocken schütteln, hacken und ebenfalls unter die Sauce mischen. Mit Salz und Pfeffer würzen. Die Sauce in ein Glas füllen und mit einer dünnen Schicht Öl bedecken. Das Glas verschließen und in den Kühlschrank stellen.

PASST ZU:

Geflügel, Fisch und Meeresfrüchten – gekocht, gebraten oder gegrillt. Entweder als Dip, oder um eine Sauce zu aromatisieren und leicht zu binden.

ROTE VARIANTE

Gemüsebrühe durch 300 ml passierte oder gewürfelte Tomaten und 100 ml Wasser ersetzen. Den Safran weglassen. Während die Sauce kocht, 1 ganze Knoblauchknolle in Alufolie wickeln und bei 200° (180° Umluft) im Ofen ca. 45 Min. garen. Am Ende der Garzeit die Knoblauchknolle quer halbieren, die Knoblauchzehen aus den Schalen drücken und mit der Mandelsauce pürieren. Zusätzlich mit 2 EL Rotweinessig und 1 kräftigen Prise gemahlenem Kreuzkümmel abschmecken.

VARIANTE – GESCHMORTES HÄHNCHEN

Für 4 Personen: 1 Hähnchen mit einem schweren Messer oder einer Geflügelschere in acht Teile zerlegen. Die Hähnchenteile mit Salz und Pfeffer würzen. 2 EL Olivenöl in einer großen Pfanne erhitzen, die Hähnchenteile darin bei mittlerer Hitze in ca. 30 Min. goldbraun und knusprig braten. Mit 100 ml Sherry ablöschen, die Mandelsauce zugeben und ca. 10 Min. schmoren lassen, falls nötig, etwas Wasser unterrühren. Auf die gleiche Weise können Sie auch feste Fischfilets, zum Beispiel Seeteufel-, Seezungen- oder Wolfsbarschfilets, schmoren. Die Garzeiten sind dann kürzer – etwa 6–8 Min. zum Anbraten und 6–8 Min. zum Schmoren.

süßsauer | ganz einfach

Mohncreme

50 g Trockenpflaumen ohne Stein
50 ml Aceto balsamico
100 g gemahlener Mohn (siehe Tipp)
100 ml Rapsöl (oder Nussöl)
Salz | Pfeffer

Ergibt ca. 350 ml
15 Min. Zubereitung | Haltbarkeit: 2 Monate
Pro 100 ml ca. 430 kcal, 6 g EW, 41 g F, 9 g KH

1 Pflaumen hacken und in einem Topf mit Essig und 125 ml Wasser aufkochen. Vom Herd nehmen und ca. 5 Min. ziehen lassen. Mohn in einer Pfanne ohne Fett unter Rühren rösten, bis er duftet. Den Mohn kurz abkühlen lassen.

2 Die Pflaumenmischung im Blitzhacker fein pürieren, dann mit Mohn und Öl verrühren. Die Mohncreme mit Salz und Pfeffer würzen. Die Creme möglichst ohne Luftblasen in ein Schraubdeckelglas füllen und mit einer Ölschicht bedecken. Das Glas verschließen und in den Kühlschrank stellen.

PASST ZU:
Käse, Wildsaucen oder Brot als Aufstrich

GUT ZU WISSEN
Mohnaroma entfaltet sich besonders gut, wenn Sie frisch gemahlenen Mohn verwenden. Wer häufiger Mohnkuchen bäckt, kann sich zum Mahlen eine spezielle Mohnmühle anschaffen. Ansonsten den Mohn gleich im Reformhaus oder Bioladen frisch mahlen lassen. Normale Getreidemühlen sind für die ölhaltigen Mohnsamen nicht geeignet.

italienische Spezialität | für Pasta

Haselnusssauce

100 g Haselnusskerne
2–3 Knoblauchzehen
2 Scheiben Toastbrot (oder 1 Brötchen)
200 ml Geflügelbrühe
2 Stängel Oregano (oder ½ TL getrockneter Oregano) | 1 EL Ahornsirup
Salz | Pfeffer | Chilipulver
4 EL Olivenöl

Ergibt ca. 250 ml | 20 Min. Zubereitung
15 Min. Ruhen | Haltbarkeit: 2 Wochen
Pro 100 ml ca. 470 kcal, 8 g EW, 41 g F, 16 g KH

1 Backofen auf 200° (Umluft 180°) vorheizen. Haselnusskerne auf einem Backblech im Ofen (Mitte) ca. 10 Min. rösten, bis die braune Haut sich zu lösen beginnt und die Nüsse duften. Haselnusskerne auf ein Küchentuch geben, zum Häuten aneinanderreiben, abkühlen lassen und im Blitzhacker fein mahlen.

2 Knoblauch schälen und in Scheiben schneiden. Toastbrot zerpflücken, mit Knoblauch und Brühe aufkochen. Oregano waschen, trocken schütteln und die Blätter abzupfen. Mit Haselnusskernen und Ahornsirup in die Brühe geben, aufkochen und offen bei kleiner Hitze ca. 15 Min. ziehen lassen. Die Mischung fein pürieren, mit Salz, Pfeffer und Chilipulver würzen. Das Öl unterrühren. Sauce in ein Glas füllen. Glas verschließen und kalt stellen.

SERVIER-TIPP
Kalte oder lauwarme Haselnusssauce mit ein paar Löffeln Joghurt verrühren und als Dip oder mit etwas zerlassener Butter zu Ravioli servieren.

oben: Mohncreme | unten: Haselnusssauce

cremig-mild | sehr einfach

Hummus

Hummus, ein fein-würziges Kichererbsenpüree, gehört als Dip zu jeder orientalischen Vorspeisenplatte – zum Löffeln oder Stippen mit Fladenbrot oder rohen Gemüsesticks.

5 EL Sesamsamen
3 EL Korianderkörner
1 TL Kreuzkümmelsamen
1 TL gemahlener schwarzer Pfeffer
1 Dose Kichererbsen (265 g Abtropfgewicht)
100 ml Olivenöl
1 EL getrockneter Oregano
frisch geriebene Muskatnuss
½ Zitrone
Salz

Ergibt ca. 400 ml
15 Min. Zubereitung | Haltbarkeit: 2 Wochen
Pro 100 ml ca. 390 kcal, 4 g EW, 34 g F, 13 g KH

1 Sesamsamen, Korianderkörner und Kreuzkümmel in einer Pfanne ohne Fett rösten, bis sie zu duften beginnen. Den Pfeffer unterrühren und die Pfanne vom Herd nehmen. Die Kichererbsen in einem Sieb abbrausen und abtropfen lassen.

2 Die gerösteten Gewürze mit Kichererbsen, Öl, Oregano, 1 kräftigen Prise Muskat und 4 EL lauwarmem Wasser fein pürieren. Den Saft der Zitronenhälfte auspressen und untermixen. Hummus mit Salz würzen, in ein Glas füllen, glatt streichen und mit einer dünnen Schicht Olivenöl bedecken. Das Glas verschließen und kalt stellen.

PASST ZU:

Gegrilltem Gemüse, Grillspießchen oder Brot

TIPP – MIT KRÄUTER UND GRANATAPFEL

Das Hummus mit Kräutern wie Minze, Petersilie, Oregano oder Bohnenkraut verfeinern und mit gerösteten und gehackten Walnüssen oder Pistazienkernen den nussigen Geschmack verstärken. Sehr fein schmecken auch Granatapfelkerne im Kichererbsenpüree.

VARIANTE – ESSKASTANIENCREME

Dafür 400 g gegarte Esskastanien grob hacken. 1 Stange Lauch putzen, halbieren, waschen und in Streifen schneiden. 3–4 EL Rapsöl erhitzen, den Lauch darin 2–3 Min. andünsten. Ca. 500 ml Gemüsebrühe zugießen und zugedeckt in ca. 12 Min. weich kochen. Die Blättchen von 1 Bund Petersilie zugeben und alles pürieren. Mit Salz, Pfeffer und ½ TL gemahlenem Kümmel würzen. Die Creme hält sich gekühlt ca. 1 Woche. Sie passt zu den gleichen Gerichten wie Hummus und zu Salzkartoffeln. Oder mit Preiselbeeren zu kurz gebratenem Wild.

Esskastanien gibt es vorgegart und vakuumiert im Supermarkt, manchmal auch tiefgekühlt. Sie können die Maronen auch leicht selber rösten: Backofen auf 200° vorheizen. Esskastanien einmal quer zur Faser einritzen und auf dem Backblech im Ofen (Mitte, Umluft 180°) 20–30 Min. rösten. Dann die Kastanien in einem feuchten Tuch kurz ruhen lassen. So bleiben die Kastanien saftig und lassen sich leicht schälen.

aromatisch-süß | ganz einfach

Pinienkerndip

100 g Cantucci (italienische Mandelkekse)
1 TL Espressokaffeepulver
3 EL Pinienkerne
1 EL Weißweinessig
Salz | Pfeffer
3 EL Rapsöl

Ergibt ca. 150 ml
25 Min. Zubereitung | Haltbarkeit: 2 Wochen
Pro 100 ml ca. 630 kcal, 11 g EW, 47 g F, 43 g KH

1 Die Cantucci zerbröseln, mit Kaffeepulver mischen und in einer Schüssel mit 100 ml heißem Wasser übergießen. Die Pinienkerne in einer Pfanne ohne Fett rösten, dann abkühlen lassen.

2 Die Keksmischung mit Pinienkernen und Essig pürieren, dabei mit Salz und Pfeffer kräftig würzen und das Öl untermixen. Den Dip in ein Schraubdeckelglas füllen, glatt streichen und mit einer dünnen Ölschicht bedecken. Das Glas verschließen, dann den Dip kühl und dunkel aufbewahren

PASST ZU:
Frischen Käsesorten wie Ziegenrolle, Taleggio, Gorgonzola, Spargel, Artischocken

SERVIER-TIPP
Für Spargel oder Artischocken den Dip nach Belieben mit ein paar Löffeln Joghurt oder saurer Sahne und Kräutern wie Schnittlauch, Petersilie oder Thymian verfeinern – dann den Dip innerhalb von 1–2 Tagen verbrauchen.

thailändischer Klassiker neu aufgelegt

Kokos-Koriander-Dip

1 Stängel Zitronengras
1 Stück frischer Ingwer (ca. 3 cm)
1 rote Chilischote
2 EL Sesamöl | 1 EL Sesamsamen
200 ml Kokosmilch (aus der Dose)
2 EL Fischsauce (Asienladen, oder Sojasauce)
1 EL Zucker | 1–2 TL Sojasauce
2–3 Spritzer Limettensaft
1 Bund Koriandergrün

Ergibt ca. 300 ml
20 Min. Zubereitung | Haltbarkeit: 2 Monate
Pro 100 ml ca. 130 kcal, 2 g EW, 7 g F, 9 g KH

1 Vom Zitronengras die trockenen Blätter und den Strunk entfernen, den Rest längs vierteln. Ingwer schälen. Chilischote längs halbieren und entkernen. Zitronengras, Chili und Ingwer klein hacken.

2 Öl erwärmen, Zitronengras, Chili und Ingwer darin kurz andünsten. Sesamsamen, Kokosmilch, Fischsauce und Zucker dazugeben und offen bei kleiner Hitze ca. 5 Min. köcheln lassen. Mit Sojasauce und Limettensaft würzen. Koriandergrün waschen, trocken schütteln, hacken und unterrühren. Den Dip entweder sofort verwenden. Oder noch einmal aufkochen und in Schraubdeckelflaschen füllen. Die Flaschen verschließen. Vor dem Gebrauch kräftig schütteln.

PASST ZU:
Salaten mit asiatischen Zutaten wie Reisnudeln, Sprossen, gebratenen Riesengarnelen, Zuckerschoten oder Babymais als Dressing

links: Pinienkerndip | rechts: Kokos-Koriander-Dip

Senf & scharfe Saucen

Was ist das Geheimnis einer guten Fondue- oder Grillsauce? Die geheime Würzmischung? Spezielle Chilischoten? Die Prise Zucker? Wahrscheinlich ein bisschen von allem. Doch für jede Sauce in diesem Kapitel gibt es besondere Tricks: Die BBQ-Sauce muss zum Beispiel ein zartes Raucharoma haben. Dafür sorgt einfach ein Stück Speck.

BBQ-Sauce

750 g Tomaten (frische oder passierte Tomaten)
½–2 rote Chilischoten
3 Zwiebeln | 4 Knoblauchzehen
100 g Knollensellerie
2 EL Rapsöl | 3 EL brauner Zucker
125 ml Whiskey
250 ml frisch gepresster Orangensaft
125 ml Worcestersauce
50 ml Sojasauce
1 TL Piment | ½ TL Selleriesamen
1 TL getrockneter Thymian
100 g Trockenpflaumen ohne Stein
150 g geräucherter Speck am Stück
Salz | Pfeffer

Ergibt ca. 800 ml | 15 Min. Zubereitung
40 Min. Garen | Haltbarkeit: 12 Monate
Pro 100 ml ca. 250 kcal, 4 g EW, 15 g F, 22 g KH

1 Tomaten waschen und ohne die Stielansätze grob würfeln. Chilis putzen, waschen und samt Kernen hacken. Zwiebeln und Knoblauch schälen und in Ringe bzw. Scheiben schneiden. Sellerie putzen und klein würfeln. Rapsöl erhitzen, Zwiebeln, Knoblauch und Sellerie darin ca. 2 Min. andünsten, den Zucker zugeben, leicht karamellisieren lassen. Mit Whiskey ablöschen. Orangensaft, Worcestersauce und Sojasauce unterrühren.

2 Tomaten, Chili, Piment, Selleriesamen, Thymian, Pflaumen, Speck und 250 ml Wasser dazugeben, leicht salzen und offen unter gelegentlichem Rühren in ca. 30 Min. einkochen lassen. Speck herausnehmen (wird nicht mehr verwendet). Die Sauce fein pürieren, mit Salz und Pfeffer abschmecken, noch einmal aufkochen und heiß in Flaschen oder Gläser abfüllen. Passt zu gegrilltem Fleisch, Fisch und Gemüse, Avocado, Geflügelsalat.

aromatisch-scharf | für Fondue

Currydip

Es braucht Zeit und einen großen Mörser, um Chilis, Zitronengras und Korianderwurzeln auf traditionelle Art zu zerkleinern – im Blitzhacker geht's schneller.

5 grüne Chilischoten
2 Schalotten | 2 Knoblauchzehen
50 g frischer Ingwer
2 Stängel Zitronengras
1 Bio-Limette
5 Korianderwurzeln (nach Belieben, von Koriandergrün aus dem Asienladen) | 1 TL Salz
1 EL grüner Pfeffer (frisch oder aus dem Glas)
200 ml Kokosmilch (Dose)
1–2 EL Fischsauce (Asienladen)

Ergibt ca. 350 ml
55 Min. Zubereitung | Haltbarkeit: 2 Monate
Pro 100 ml ca. 115 kcal, 2 g EW, 10 g F, 5 g KH

1 Die Chilischoten längs halbieren, entkernen, mit 150 ml kochendem Wasser überbrühen und ca. 30 Min. ziehen lassen. Schalotten, Knoblauch und Ingwer schälen. Schalotten in Ringe, Knoblauch und Ingwer in Scheibchen schneiden. Die äußeren Zitronengrasblätter entfernen, die Enden abschneiden, die Stängel längs vierteln und sehr fein schneiden. Limette und nach Belieben die Korianderwurzeln waschen. Die Limettenschale abreiben und die Korianderwurzeln fein hacken.

2 Die Chilis in ein Sieb abgießen und abtropfen lassen. Zusammen mit dem Salz und 2 EL Wasser im Mörser oder Blitzhacker pürieren. Dann nacheinander Knoblauch, Schalotten, Ingwer, Zitronengras, Korianderwurzeln und Pfeffer einarbeiten. Die Limettenschale untermischen.

3 Kokosmilch und Fischsauce unterrühren und den Dip einmal aufkochen, dann abkühlen lassen und in ein Glas füllen. Das Glas verschließen und in den Kühlschrank stellen. Die Sauce vor dem Servieren lauwarm erwärmen.

PASST ZU:

Fleischfondue, gekochtem Gemüse, zum Abschmecken von Reis oder Wokgemüse

WÜRZ-TIPP

Ohne die Kokosmilch ist der Dip eine sehr gute selbst gemachte Currypaste und damit eine Basis für thailändische Currygerichte.

VARIANTE – CURRY-KETCHUP

Den Currydip ohne Kokosmilch zubereiten, stattdessen 500 g Papayafruchtfleisch und 200 g Tomaten dazugeben und alles offen bei kleiner Hitze ca. 20 Min. köcheln lassen. Dann die Mischung mit dem Pürierstab pürieren, mit Salz, Pfeffer und 2–3 EL braunem Zucker abschmecken, noch einmal aufkochen und heiß in Schraubdeckelgläser füllen. Die Gläser verschließen und kalt stellen. Das Curry-Ketchup passt zur Currywurst, zu gebratenem Geflügel und Reisgerichten.

sehr einfach | für Gäste und Feste

Sauerscharfe Chilisauce

2 rote Paprikaschoten
4 milde große Chilischoten
3 rote Chilischoten
50 g frischer Ingwer
1 TL Korianderkörner
1 TL schwarze Pfefferkörner
3 EL Sonnenblumenöl | 1 TL Salz
2 EL Zucker | 4 EL Apfelessig

Ergibt ca. 400 ml
10 Min. Zubereitung | Haltbarkeit: 2 Monate
Pro 100 ml ca. 130 kcal, 0 g EW, 8 g F, 12 g KH

1 Paprika- und Chilischoten halbieren, entkernen, waschen und grob zerkleinern. Ingwer schälen und grob hacken. Koriander- und Pfefferkörner im Mörser zerstoßen. Mit Paprikaschoten, Chilis, Ingwer, Öl, Salz, Zucker und Essig im Blitzhacker sehr fein pürieren. Die Sauce in Gläser füllen. Die Gläser verschließen und in den Kühlschrank stellen.

PASST ZU:

Gegrilltem, Wokgemüse, Chickenwings, Fondue

MILDE VARIANTE

3 EL Rosinen mit 4 EL Apfelessig aufkochen und ziehen lassen. 3 Paprikaschoten vierteln, putzen, waschen. Auf einem Blech im Ofen (Mitte) bei 220° (Umluft 200°) 20–25 Min. backen, bis die Haut beginnt schwarz zu werden. Die Viertel vom Blech nehmen, mit einem nassen Tuch abdecken und abkühlen, dann häuten und hacken. 2 EL Sonnenblumenöl erhitzen, Peperoni, Ingwer und Gewürze 1–2 Min. dünsten – Chili nach Belieben weglassen. Paprikaschoten und Rosinen zugeben, ca. 10 Min. köcheln lassen. Heiß abfüllen.

fruchtig-würzig | sehr einfach

Aprikosensauce

300 g Aprikosen
100 g große, milde rote Chilischoten
100 ml Apfelessig | 200 ml Apfelsaft
75 g brauner Zucker
4–5 Gewürznelken | 1 TL Pimentkörner
1 TL Wacholderbeeren | 15 g Salz
1 EL Macis (Muskatblüte)

Ergibt ca. 500 ml
10 Min. Zubereitung | Haltbarkeit: 12 Monate
Pro 100 ml ca. 100 kcal, 1 g EW, 0 g F, 23 g KH

1 Aprikosen halbieren, entsteinen und grob würfeln. Chilis längs halbieren, entkernen, waschen und grob hacken. Mit Aprikosen, Essig, Apfelsaft und Zucker in einem Topf offen bei mittlerer Hitze ca. 25 Min. köcheln lassen.

2 Nelken, Pimentkörner, Wacholderbeeren und Salz im Mörser zerreiben. Mit Macis mischen, zu den Aprikosen geben und ca. 5 Min. mitgaren. Sauce fein pürieren, aufkochen und in Schraubdeckelgläser füllen. Gläser verschließen und kühl lagern.

PASST ZU:

Kalb-, Schweine- oder Hähnchenfleisch – gebraten, gegrillt oder gekocht, Maiskolben, Maispfannkuchen, Kartoffelpuffern

SERVIER-TIPP

Für 4 Personen: 1 kg Hähnchenflügel mit 2 EL Öl mischen, salzen. Hähnchenflügel in einer schweren ofenfesten Pfanne auf beiden Seiten hellbraun anbraten. Im heißen Ofen (Mitte) bei 220° (Umluft 200°) ca. 30 Min. braten. Backofengrill zuschalten. Flügel mit Aprikosensauce bestreichen und 2–3 Min. grillen.

links: Sauerscharfe Chilisauce | rechts: Aprikosensauce

italienische Spezialität | schnell gemacht

Feigensenf

Süße, reife Früchte und edler Sherryessig bilden eine harmonische Einheit in einem Senf für Freunde feiner Käse und mediterraner Sommerabende.

400 g Feigen | 200 ml roter Portwein | 1 Stange Zimt | Salz | 3 EL Sherryessig | 150 g grobkörniger Senf

Ergibt ca. 600 ml | 5 Min. Zubereitung
15 Min. Garen | Haltbarkeit: 2 Monate
Pro 100 ml ca. 120 kcal, 2 g EW, 2 g F, 14 g KH

1 Die Feigen waschen und achteln (die meisten Feigen muss man nicht schälen, eventuell sehr dicke Schalen abziehen).

2 Die Feigen mit dem Portwein und der Zimtstange in einem Topf aufkochen und offen bei kleiner Hitze ca. 15 Min. köcheln lassen. Mit Salz und Essig würzen. Vom Herd nehmen, den Senf unterrühren. Sofort in Gläser füllen. Die Gläser verschließen und in den Kühlschrank stellen.

PASST ZU:

Gebratenem Lamm, Geflügel, Schweinefleisch, Käse

VARIANTE – QUITTENSENF

Für 400 ml: 2 Quitten waschen, falls nötig, den Flaum abreiben. Die Früchte vierteln, entkernen, grob würfeln und in einem Topf mit Wasser knapp bedecken. Dann offen bei mittlerer Hitze je nach Sorte in 20–45 Min. fast weich garen. Eventuell zwischendurch etwas Wasser zugeben. Quitten mit 2 EL Zucker, 1 TL Korianderkörnern und 80 g gelben Senfkörnern in ca. 15 Min. fertig kochen. Quitten in ein Sieb gießen, die Kochflüssigkeit auffangen und, wenn nötig, auf 100 ml einkochen. Quittensirup mit Quitten und Gewürzen verrühren. Alles 3 Tage zugedeckt ziehen lassen und dann pürieren. Mit Salz und 3 EL Apfelessig abschmecken. In Gläser füllen, kühl und dunkel mindestens 1 Woche ziehen lassen.

sehr edel | schnell verbrauchen

Passionsfruchtsenf

3–4 Passionsfrüchte | 50 g frischer Ingwer | 1 Bund Koriandergrün | 1 EL Korianderkörner | 100 g grobkörniger Senf | Salz

Ergibt ca. 200 ml
10 Min. Zubereitung | Haltbarkeit: 1–2 Wochen
Pro 100 ml ca. 140 kcal, 6 g EW, 4 g F, 12 g KH

1 Die Passionsfrüchte halbieren, mit einem Teelöffel das Fruchtfleisch herauslösen und durch ein Sieb streichen, um die Kerne zu entfernen.

2 Ingwer schälen und fein reiben. Koriandergrün waschen, trocken schütteln und grob hacken. Ingwer, Koriandergrün, Korianderkörner und Passionsfrucht im Blitzhacker fein pürieren. Mit dem Senf verrühren und salzen. Den Senf in Gläser füllen. Die Gläser verschließen und kalt stellen.

PASST ZU:

Würstchen, Fleisch und Fisch vom Grill, gekochtem Schinken, Spargel

fruchtig-scharf | fürs Grillfest

Chilisenf

3 rote Paprikaschoten | 2 rote Chilischoten (nach Belieben auch mehr) | 1 Zweig Rosmarin | 1 EL Fenchelsamen | Salz | 4 EL Dijon-Senf

Ergibt ca. 250 ml | 10 Min. Zubereitung
20 Min. Braten | Haltbarkeit: 2 Wochen
Pro 100 ml ca. 70 kcal, 4 g EW, 2 g F, 8 g KH

1 Ofen auf 240° vorheizen. Paprikaschoten halbieren, entkernen, waschen und mit der Haut nach oben auf ein Blech legen. Im Ofen (Mitte, Umluft 220°) in ca. 20 Min. garen. Chilischoten längs halbieren, entkernen, waschen und nach ca. 10 Min. dazulegen. Herausnehmen, mit einem nassen Tuch abdecken, abkühlen lassen, häuten.

2 Rosmarin waschen und trocken schütteln, die Nadeln hacken. Fenchelsamen im Mörser zerstoßen. Beides mit Paprikastücken und Chilis pürieren, salzen und den Senf unterrühren. Im Glas kalt stellen. Passt zu: Grillgerichten, würzigem Käse wie Camembert, Edelpilzkäse oder gereiftem Ziegenkäse.

bayerische Spezialität | preiswert

Brezenmeerrettich

1 trockene Laugenbrezel
75 g frischer Meerrettich
1 säuerlicher Apfel (z. B. Boskop)
2 EL frisch gepresster Zitronensaft
1 Bund Schnittlauch
5 EL saure Sahne | Salz

Für ca. 500 ml
10 Min. Zubereitung | Haltbarkeit: 5 Tage
Pro 100 ml ca. 60 kcal, 2 g EW, 1 g F, 10 g KH

1 Die Laugenbrezel grob zerbröseln und im Blitzhacker fein mahlen. Meerrettich schälen und fein reiben. Apfel waschen, schälen und ebenfalls fein reiben. Mit Zitronensaft, Meerrettich und Brezelbröseln mischen. Brezenmeerrettich in ein Glas füllen und in den Kühlschrank stellen.

2 Kurz vor dem Servieren den Schnittlauch waschen, trocken schütteln und in feine Röllchen schneiden. Den Schnittlauch mit der sauren Sahne unter die Meerrettichcreme rühren. Den Brezenmeerrettich mit Salz würzen.

PASST ZU:

Kartoffelpuffern, geräuchertem Fisch, Rote Bete oder anderem Wurzelgemüse, gekochtem Rindfleisch

TIPP

Geriebener Meerrettich braucht immer etwas Säure. Sie verhindert, dass die scharfe Wurzel an Geschmack und Farbe verliert. Deshalb kommen in fast alle traditionellen Meerrettichcremes und -zubereitungen geriebener Apfel, Zitronensaft oder ein Spritzer Essig.

Klassiker neu aufgelegt | würzig

Grober Grillsenf

6 Knoblauchzehen
5–6 Zweige Thymian
1 EL Korianderkörner
1 TL gemahlener Kreuzkümmel
200 ml Weißweinessig
2 TL Salz
3 EL Zucker
100 g Senfmehl (aus gelben Senfkörnern)
100 g braune Senfkörner

Für ca. 800 ml | 10 Min. Zubereitung
12 Tage Ruhen | Haltbarkeit: 6 Monate
Pro 100 ml ca. 160 kcal, 7 g EW, 8 g F, 15 g KH

1 Knoblauch schälen und in dünne Scheiben schneiden. Thymian waschen und trocken schütteln. Beides mit Korianderkörnern, Kreuzkümmel, Essig, Salz, Zucker und 200 ml Wasser in einem Topf aufkochen und offen bei kleiner Hitze ca. 5 Min. köcheln lassen. Den Sud durch ein Sieb in eine Schüssel gießen, mit Senfmehl und Senfkörnern mischen. Abkühlen lassen und abgedeckt im Kühlschrank 3–4 Tage ziehen lassen.

2 Danach die Mischung im Blitzhacker oder mit dem Pürierstab grob pürieren. Das Püree möglichst ohne Luftblasen in Schraubdeckelgläser füllen. Die Gläser verschließen und den Senf im Kühlschrank mindestens 1 Woche ruhen lassen.

PASST ZU:

Gegrilltem Lammfleisch, Bratwürstchen

links: Grober Grillsenf | rechts: Brezenmeerrettich

Zum Gebrauch
Damit Sie Rezepte mit bestimmten Zutaten noch schneller finden können, stehen in diesem Register zusätzlich auch beliebte Zutaten wie **Ingwer** oder **Koriander** – ebenfalls alphabetisch geordnet und **hervorgehoben** – über den entsprechenden Rezepten.

Unsere Garantie

Alle Informationen in diesem Ratgeber sind sorgfältig und gewissenhaft geprüft. Sollte dennoch einmal ein Fehler enthalten sein, schicken Sie uns das Buch mit dem entsprechenden Hinweis an unseren Leserservice zurück. Wir tauschen Ihnen den GU-Ratgeber gegen einen anderen zum gleichen oder ähnlichen Thema um.

Liebe Leserin und lieber Leser,

wir freuen uns, dass Sie sich für ein GU-Buch entschieden haben. Mit Ihrem Kauf setzen Sie auf die Qualität, Kompetenz und Aktualität unserer Ratgeber. Dafür sagen wir Danke! Wir wollen als führender Ratgeberverlag noch besser werden. Daher ist uns Ihre Meinung wichtig. Bitte senden Sie uns Ihre Anregungen, Ihre Kritik oder Ihr Lob zu unseren Büchern. Haben Sie Fragen oder benötigen Sie weiteren Rat zum Thema? Wir freuen uns auf Ihre Nachricht!

Wir sind für Sie da!
Montag – Donnerstag: 8.00 – 18.00 Uhr;
Freitag: 8.00 – 16.00 Uhr
Tel.: 0180-5 00 50 54*
Fax: 0180-5 01 20 54*
E-Mail:
leserservice@graefe-und-unzer.de

*(0,14 €/Min. aus dem dt. Festnetz/ Mobilfunkpreise maximal 0,42 €/Min.)

P.S.: Wollen Sie noch mehr Aktuelles von GU wissen, dann abonnieren Sie doch unseren kostenlosen GU-Online-Newsletter und/oder unsere kostenlosen Kundenmagazine.

GRÄFE UND UNZER VERLAG
Leserservice
Postfach 86 03 13
81630 München

Projektleitung: Stefanie Poziombka
Lektorat: Maryna Zimdars
Korrektorat: Mischa Gallé
Layout, Typografie und Umschlaggestaltung: independent Medien-Design, Horst Moser, München
Satz: Liebl Satz+Grafik, Emmering
Herstellung: Christine Mahnecke
Reproduktion: Repro Ludwig, Zell am See
Druck: Firmengruppe APPL, aprinta druck, Wemding
Bindung: Firmengruppe APPL, sellier druck, Freising
Syndication:
www.jalag-syndication.de

ISBN 978-3-8338-2391-6

1. Auflage 2012

Umwelthinweis

Dieses Buch ist auf PEFC-zertifiziertem Papier aus nachhaltiger Waldwirtschaft gedruckt.

GRÄFE UND UNZER

Ein Unternehmen der
GANSKE VERLAGSGRUPPE

Der Autor

Hans Gerlach, gelernter Koch und Architekt, arbeitete lange in Sterne-Restaurants, bevor er begann, Kochbücher zu schreiben – viele davon für GU. Zusammen mit der Journalistin **Susanna Bingemer** hat er sich im gemeinsamen Büro »food und text« auf die Produktion von Food-Themen spezialisiert. **Maja Müller-Holve,** Versuchsköchin und Foodstylistin im Team von »food und text«, steuerte zu diesem Buch auch eigene Rezepte bei.

Der Fotograf

Jörg Rynio zählt zu seinen Auftraggebern internationale Zeitschriften, namhafte Buchverlage und Werbeagenturen. Mit einer großen Portion Kreativität und appetitanregendem Styling setzt der Hamburger Fotograf Food-Spezialitäten aus aller Welt stimmungsvoll in Szene. Tatkräftig unterstützt wird er dabei von seinen beiden Stylistinnen Petra Speckmann (Food) und Michaela Suchy (Requisite).

Bildnachweis

Titelfoto: EISING STUDIO · Food Photo & Video/Martina Görlach; alle anderen: Jörn Rynio, Hamburg

Titelbildrezept

Basilikumpesto (S. 14), Kürbischutney (S. 29), Jalapeño-Pfirsich-Salsa (S.25)

Die Temperaturangaben bei Gasherden variieren von Hersteller zu Hersteller. Welche Stufe Ihres Herdes der jeweils angegebenen Temperatur entspricht, entnehmen Sie bitte der Gebrauchsanweisung. Bei Elektroherden können die Backzeiten je nach Herd variieren.

Appetit auf mehr?

ISBN 978-3-8338-0303-1

ISBN 978-3-8338-1759-5

ISBN 978-3-8338-0323-9

ISBN 978-3-8338-1477-8

ISBN 978-3-8338-0652-0

ISBN 978-3-8338-1631-4

www.gu.de: Blättern Sie in unseren Büchern, entdecken Sie wertvolle Hintergrundinformationen sowie unsere Neuerscheinungen.

GU

Willkommen im Leben.

Kühlschrank oder **Keller?**

Gekochte Chutneys und Würzsaucen benötigen keine spezielle Kühlung, doch viele Zubereitungen mit Kräutern sind empfindlich und vertragen keine Hitze, deshalb werden sie nach der Zubereitung kalt aufbewahrt.

Die meisten Chutneys überstehen problemlos zwölf Monate an einem kühlen und dunklen Ort. Das ist im Idealfall ein Keller, kann aber auch eine Schublade im Schlafzimmer sein. Die Grundregel lautet: Roh pürierte Pasten sollten noch am selben Tag der Zubereitung verbraucht oder bis zur Verwendung im Kühlschrank gekühlt werden. Gekochte Zubereitungen werden kochend heiß, ähnlich wie Konfitüren, in Gläser abgefüllt und fest verschlossen. Sie halten sich einige Zeit ohne zusätzliche Kühlung – zumindest solange sie nicht in der prallen Sonne stehen (s. S. 6–9). Erst die geöffneten Gläser müssen unbedingt in den Kühlschrank gestellt und schnell verbraucht werden.

Damit roh pürierte Kräuterpasten und rohe Chutneys oder Salsas frisch und aromatisch bleiben, die fertige Zubereitung sofort in Gläser füllen, die Gläser verschließen und in den Kühlschrank stellen. So hält sich zum Beispiel das Basilikumpesto (s. S. 14) gut zwei Wochen. Wer dabei besonders schnell und sauber arbeitet, kann sogar mit einer längeren Haltbarkeitszeit rechnen.

Kräuterzubereitungen mit hohem Anteil an zwiebeligen Zutaten wie Oregano-Zwiebel-Pesto (s. S. 17) sind etwas empfindlicher. Auch das Bärlauchpesto (s. S. 17) schmeckt am Tag der Zubereitung am besten. Manche Kombinationen wiederum sind wesentlich stabiler und müssen nicht sofort verbraucht werden.

Ein Nachteil der Aufbewahrung im Kühlschrank: Viele Öle werden im Kühlschrank fest. Das ist zwar keine Qualitätseinschränkung, doch wenn Sie das Pesto für Salatsaucen, Dips oder andere kalte Gerichte verwenden möchten, sollte es vorher Zimmertemperatur annehmen. Danach sieht es wieder schön grün und cremig aus. Ob der Löffel Pesto zum Abschmecken einer Pastasauce kalt oder warm ist, spielt natürlich keine Rolle.

Wer große Mengen Pesto auf einmal zubereitet, kann es auch im Tiefkühlfach aufbewahren. Dann am besten in flachen Gefäßen einfrieren und in Kunststoffdosen aufbewahren. So können Sie problemlos die gewünschte Menge von der Pestoplatte abbrechen – das ist wesentlich einfacher als alle verfügbaren Eiswürfelbehälter mit Pesto zu belegen. Salsas oder rohe Chutneys mit größeren Fruchtstücken sollten Sie nicht einfrieren, weil die Fruchtstückchen beim Auftauen ihre Konsistenz verändern und unangenehm weich werden.